RÉPERTOIRE

DES FAITS LES PLUS SAILLANTS

ET

DES DATES LES PLUS REMARQUABLES

DE

L'HISTOIRE DE CASSIS,

POUR FAIRE SUITE

A LA STATISTIQUE DE CETTE COMMUNE,

PAR

ALFRED SAUREL,

Vérificateur des Douanes,

Membre de la Société française pour la description et la conservation des Monuments historiques,

Membre correspondant de la Société de Statistique de Marseille.

MARSEILLE,
TYPOGRAPHIE-ROUX, RUE MONTGRAND, 12.

1857.

AVERTISSEMENT.

Ceci n'est pas un livre, proprement dit, car il n'en affecte ni la forme ni le fond. C'est seulement, ainsi que je l'ai appelé, un Répertoire destiné à faciliter les recherches des évènements les plus curieux et des dates les plus mémorables de l'histoire de Cassis. C'est donc, par là-même, un Recueil qui ne sera feuilleté que par de rares personnes, à l'esprit desquelles il pourra venir d'étudier, plus particulièrement, la suite d'un des épisodes de la vie de cette localité, mais que j'ai destiné, de préférence, aux administrateurs de la commune qui, suivant les circonstances, ayant à consulter les Archives sur un fait quelconque d'intérêt public, seront peut-être bien aises de trouver la besogne faite à moitié et de n'avoir qu'à se reporter aux dates que j'ai prises moi-même, sur les documents relégués, presque en totalité, dans des sacs ou des cartons poudreux.

On comprendra, sans doute, après de tels aveux, que je ne ferai pas de ce Répertoire une affaire d'amour-propre. Non-seulement je permets qu'on discute sa valeur, mais je prie tous les habitants de Cassis qui s'intéressent un peu à leur pays, de combler, par leurs recherches, les lacunes que, à mon grand regret, j'ai laissées dans mon travail ; de corriger les dates, si elles offrent quelque chose de défectueux ; d'ajouter au fur et à mesure les faits contemporains ; enfin, de terminer, de compléter, sous tous les rapports, cet *Abrégé de l'Histoire de Cassis*, qui deviendra d'autant plus précieux que le pays prendra plus de développements.

Un assez grand nombre de faits, que je n'indique que sommairement dans ce Répertoire, étant, pour la plupart, détaillés longuement dans ma Statistique, j'ai cru bien faire d'indiquer, après chaque article, les folios de cet ouvrage auxquels on pourra se reporter.

Quant aux articles vierges de cette indication, toute recherche faite en dehors des Archives communales serait inutile, car c'est là seulement qu'on peut trouver des renseignements nouveaux et précis.

RÉPERTOIRE

DES FAITS LES PLUS SAILLANTS
ET DES DATES LES PLUS REMARQUABLES
DE
L'HISTOIRE DE CASSIS,

Abattoir.

8 Mai 1762. — Délibération du Conseil de la Commune relative à la construction d'un abattoir sous le château.

..... 184. — Le Conseil municipal revient sur la même question, mais sans résultat.

Aires publiques.

18 Janvier 1854. — Le Conseil municipal autorise le Maire à faire des plantations sur la place Montmarin, et à reconstruire les aires publiques.

Anglais.

1er Juin 1744. — Débarquent à Pormiou et enlèvent une flotille espagnole et quelques navires français. — 91.

2 Avril 1809. — Plaintes des habitants, au sujet du mal qu'ils leur occasionnent. — 98.

22 Octobre 1810. — L'escadre anglaise renvoie à terre 14 prisonniers français ou napolitains.

23 Août 1812. — Ils surprennent plusieurs bâteaux pêcheurs qu'ils capturent.

14 Mars 1813. — Les batteries de la Cacau et des Lombards échangent quelques coups de canon avec une frégate anglaise.

6 Avril 1813. — Une chaloupe canonnière française, escortant deux navires de commerce, est attaquée par trois péniches anglaises sorties de Riou. La chaloupe ne peut conserver les deux navires, mais elle se défend bravement et rentre ensuite dans le port de Cassis.

3 Août 1813. — Les Anglais débarquent simultanément à l'Arène et à la Cacau, dont ils jettent les canons à la mer, s'emparent de la batterie des Lombards et enclouent ses canons. — 98.

18 Août 1813. — Ils débarquent à l'Arène et au Beauneuf, s'emparent des batteries des Lombards et de la Lèque, prennent d'assaut le château, pénètrent dans la ville, mettent le feu à une maison, enlèvent 29 navires et font une trentaine de prisonniers. — 98, 99.

8 sept. 1813. — Ils renvoient à terre plusieurs prisonniers français.

9 Novem. 1813. — Dix embarcations anglaises, qui avaient donné la chasse à un convoi parti de la Ciotat, lequel était parvenu à se

réfugier à Cassis, opèrent infructueusement une descente.

6 Avril 1814. — L'escadre anglaise renvoie à terre plusieurs prisonniers, entr'autres un des officiers enlevés le **18** août précédent, et une femme prise sur la côte de Corse.

Archives de la ville.

26 février 1726. — Le 1ᵉʳ Consul se plaignant de ce qu'une grande partie des archives se trouvent *entre les mains des particuliers*, le conseil l'autorise à publier une ordonnance pour les faire rentrer.

17 Janvier 1733. — Les Consuls se plaignent en conseil que non-seulement les archives sont en désordre, mais encore qu'un grand nombre de pièces importantes ont disparu ; celui-ci les autorise à mettre bon ordre à tout cela.

3 Avril 1752. — Le Conseil confie l'arrangement et le classement des archives à l'abbé *Pierre*, *homme très-éclairé pour faire cette opération.* — 209.

6 février 1803. — Délibération du Conseil municipal tendant à faire mettre les archives en bon état.

8 Mai 1831 — Délibération pour le même objet.

29 Avril 1856. — Un habitant de Cassis, M. Autheman, retrouve les papiers relatifs aux clubs de Cassis pendant toute la révolution ; mais à peine découvertes, ces précieuses archives sont livrées au public,

dans un débit de tabac, sous forme de papier d'enveloppe, alors qu'on allait travailler à leur classement.

Aubier (Voyez *Culte*).

Ballons.

17 Novem. 1850. — Chute et incendie de celui des frères GODARD.

Barthélemy.

9 Août 1823. — Délibération du Conseil municipal, au sujet de l'érection d'un monument. — 207.

. . . . . 1823. — Pose du buste et de l'inscription à l'hôtel-de-ville. — 238.

Batteries et redoutes (Voyez *Guerre*.)

30 Avril 1744. — Les Consuls demandent des pièces d'artillerie et des munitions pour les renforcer. — 91.

6 juin 1744. — M. de PESCHE, commandant de la garnison, fait élever, au Bestouan, plusieurs redoutes et retranchements sur le vallat des Brayes, et armer la batterie du château.

21 Avril 1793. — Le Conseil municipal, sur l'avis de l'entrée, dans la Méditerranée, d'une escadre de 25 vaisseaux anglais, décide que les batteries seront réparées et gardées nuit et jour.

18 Février 1794. — Le général BONAPARTE vient inspecter

les batteries de Cassis, et y rédige un ordre du jour au sujet de leur armement. — 96.

Batterie de la Cacau.

26 Août 1635. — La garde du château et de la Cacau n'étant plus nécessaire, le Conseil ordonne que la sentinelle et le corps-de-garde seront transportés à la pointe de l'île St-Pierre. — 239.

5 Mai 1638. — Les Consuls reçoivent, du Conseil, l'ordre d'établir une garde à la pointe de la Cacau et de construire un corps de garde à l'île.

Batterie St-Clair ou de la Lèque.

10 Janvier 1747. — Lettre de l'intendant la Tour de Gléné, prescrivant aux Consuls d'établir une batterie de deux ou trois pièces. — 239.

25 Mars 1747. — *Le fort St-Clair* est armé de deux canons de 24.

7 Mai 1747 — La commune prend possession de cette batterie, ainsi que de la chapelle St-Clair, qui lui sert de magasin et de poudrière.

Batterie d'Orléans ou des Lombards.

1er Juin 1745. — Arrivée de Jacques-Philippe de Mauriac, brigadier des armées du Roi, commandant en Provence, qui donne l'ordre de construire cette batterie et d'y placer deux pièces de canon de 18. — 239.

18 Juillet 1761. — Construction du corps de garde.
5 Juillet 1778. — La communauté est requise, par Messire Amé de S‑Paul, commandant l'artillerie de Provence, d'armer cette batterie de deux pièces de 24.

Bienfaisance (Bureau de).

14 Sept. 1803. — Arrêté du Préfet relatif à sa création. — 226.

Bois.

4 Juillet 1684. — Le Conseil enregistre l'ordonnance qui défend, sous les peines les plus sévères, la coupe des chênes, pins-blancs et pins-pigniers, à 8 lieues à la ronde de Toulon.
11 Août 1804. — Le Préfet approuve l'arrêté du Maire, qui interdit l'arrachement et la vente des racines de tous les arbres et arbustes provenant, soit des propriétés communales, soit des propriétés particulières.
24 Sept. 1846. — Incendie dans les bois communaux de Canaille.
31 Janvier 1850. — Décret du Président de la République, autorisant la vente de plusieurs parcelles de bois communaux.

Bonaparte.

27 Août 1793. — Envoi, à Marseille, d'une députation chargée de complimenter les conventionnels et Bonaparte. — 96.
18 Février 1794. — Son arrivée à Cassis. — 96.

Brigandages.

17 Mars	1592	— Le sieur DAUMAS, Consul, exposant qu'il y a un grand nombre de *larrons* et de *pillards* au Beausset, et que le territoire, ainsi que la ville, n'est pas en sûreté, le Conseil accorde des hommes de renfort pour garder le château pendant la nuit, et neuf hommes pour la garde du territoire.
5 Mai	1709.	— Les Consuls organisent des patrouilles dans les campagnes, pour arrêter les malfaiteurs.
9 Mai	1726.	— Les Consuls se plaignent de ce que la commune est envahie, chaque jour, par un grand nombre de *gueux* et de *mendiants* qu'il convient de chasser.
16 Février	1727	— Les Consuls se plaignent, de nouveau, de ce que depuis longtemps *des bandits dérobent toutes les volailles du pays*, et qu'ils ne craignent pas, pour arriver à leur but, *de rompre portes et fenêtres*.
4 Avril	1793.	— Lettre du Maire de la Ciotat à son collègue de Cassis, pour l'engager à prendre des précautions contre 34 déserteurs de la phalange marseillaise, qui pillent tout sur leur passage.
12 Sept.	1799.	— Battue générale pour découvrir les brigands qui désolent les environs.
28 Mai	1800.	— Une bande de brigands se jette sur le hameau des Janots, pille toutes les maisons, tue plusieurs habitants et

		commet tous les attentats imaginables.
14 Sept.	1855.	— Commencement des vols et attentats de tous genres contre la propriété, commis par les terrassiers étrangers, employés aux travaux du chemin de fer. Les malfaiteurs débutent par l'église paroissiale.

Cadrans solaires.

1er Août   1723. — Les Consuls en établissent trois dans la ville.

Carraires.

12 Mai   1806. — Arrêté du Préfet prescrivant leur rétablissement.

Carrières.

. . . .   1720 — Leur ouverture à la Cacau. — 185.
14 Avril   1787. — Tarif des droits prélevés par l'Évêque, sur les pierres extraites de celles de la Cacau.

Cassis.

15 Octobre. 1408. — Acte passé devant le notaire Bertrand BAUCET, où il est question de *Cassis-le-vieil*. — 27
. . . .   1430. — Transaction entre le baron d'AUBAGNE, les Consuls de Cassis et l'abbé de St-VICTOR. — 49.
1er Avril. 1577. — Commencement des conférences ouvertes à Marseille, au sujet de la vente

	de la Seigneurie. — 59.
6 Mai	1578. — Lettres-patentes de Henri III, confirmant les sentences des 25 mai 1577 et 18 mars 1578, au sujet de l'inaliénabilité de Cassis. — 64.
3 Juin	1579. — Le Parlement les enregistre. — 64
1er Mai	1591. — Procès-verbal d'élection des Officiers consulaires où Cassis est appelé *Bourg de la ville de Marseille*.... — 104.
14 Sept.	1790. — Cassis créé chef-lieu de Canton. —95.
13 Mars	1791. — Les Commissaires délégués par le Conseil-municipal divisent le territoire en six sections, savoir : Deffens ; N.-D.-de-Lumière ; Plan ; Rompides ; Douane et Arène, et la ville en quatre sections, savoir : St-Clair ; Capelette ; Rue droite et Paroisse.
23 Mai	1800. — Arrêté qui casse l'ancienne municipalité cantonnale et transporte le chef-lieu de canton à la Ciotat. — 97.

Chantiers de construction.

23 avril	1695. — Vintimille, évêque de Marseille, vend au sieur Eydin, la place sous le château, *jasques aux lavoirs*.
23 Avril	1702. — Les Consuls reçoivent, du Conseil, l'autorisation d'acheter, au sieur Eydin, le même emplacement *où l'on construit les bâtiments de mer*.
20 Juillet	1704. — L'Évêque cède à la Commune une partie de la *Place de construction*, à la condition que celle-ci fera bâtir une prison.

26 Mai	1705.	— La Commune achète au sieur Eydin la place des chantiers.
19 Mai	1764.	— L'Intendant de la province approuve le contrat passé entre les Consuls et le sieur Sauveur Flavy, pour la mise en état du chantier actuel de construction.

Chapelle St-Antoine (du Château).

17 Janvier . . .		— Jour de sa fête ; elle était sous l'invocation de St-Antoine-l'hermite, St-Sébastien et St-Roch. — 219.
. . Sept.	1813.	— Sa démolition opérée par le génie militaire. — 219

Chapelle St-Clair (sur le port).

27 Juillet	1614.	— Est mise à la disposition des pénitents blancs. — 219.
10 Août	1614.	— Le Conseil décide que les pénitents sont autorisés à réciter leur office à cette chapelle pendant dix ans.
9 Décem.	1673.	— La Congrégation des garçons y est transportée. — 111, 219.
7 Mai	1747.	— Est convertie en poudrière.
1er Août	1748.	— Arrêt de la Cour des comptes approuvant les réparations à faire. — 219.

Chapelle Ste-Croix.

9 Juillet	1677.	) — Le Conseil vote des réparations à l'her-
2 Septem.	1685.	) mitage. — 237.
11 Juin	1715.	— La Commune habille gratuitement l'hermite, à la condition qu'ils onnera

la cloche *dans les temps de brouillards et de tempêtes.*

22 Décem. 1732 — Les officiers de la congrégation des jeunes gens, établie sous l'invocation du Saint-Enfant-Jésus, passent un acte par lequel ils reconnaissent qu'on leur a *prêté* la cloche de Ste-Croix pour leur chapelle nouvellement établie, pour toute la durée des fêtes de Noël, s'engageant à la *rendre* ensuite. — 220.

11 Janvier 1777. — Dégâts occasionés par un violent orage.

14 Sept. 1850. — Pose de la première pierre de la nouvelle chapelle par le chanoine Coulin.

3 Août 1851 — Bénédiction de la cloche dont la pose a lieu le 8 du même mois.

3 Mai 1852. — Bénédiction et inauguration du nouveau sanctuaire. — 237.

Chapelle St-Dominique.

28 Août 1715. — Le grand-vicaire de l'Évêque de Marseille autorise la bénédiction de la chapelle qui doit servir aux exercices de la congrégation des Dames du tiers-ordre de St-Dominique.

31 Août 1715. — Sa bénédiction. — 220.

Chapelle du St-Enfant-Jésus, (Garçons.)

16 Décem. 1732. — L'Évêque bénit solennellement cette chapelle, construite à l'extrémité de la Grand'rue, sur le chemin du Plan, par les libéralités du Sr Guérin, de Smyrne.

Chapelle de St-Enfant-Jésus (Filles).

. . . . . . 1852. — Est appropriée à sa nouvelle destination.

Chapelle Notre-Dame-de-Santé.

2 Juillet . . . . . Visitation de la Vierge, jour de sa fête.
15 Août 1649. — Le Conseil, pour remercier Dieu d'avoir épargné Cassis de la peste qui désole Marseille, décide qu'on fera dire à l'église paroissiale, pendant quarante jours, une messe au nom du St-Esprit et qu'on construira une petite chapelle à la pointe et embouchure de l'ormiou, en l'honneur de Notre-Dame-de-Santé. Deux cents livres sont votées pour cet objet. — 72.
19 Décem. 1649. — Pose de la première pierre par Estienne de Puget, évêque de Marseille. — 230.
1 Juillet 1651. — Autorisation donnée par le même Evêque d'y célébrer la messe, mais le jour de la Visitation seulement.
20 Novem. 1667. — Délibération du Conseil relative à l'installation d'un hermite.
8 Août 1796 — Destinée à être vendue, cette chapelle est estimée 252 francs en assignats.
24 id. 1796. — Sa vente.— 233.
11 id. 1847. — Météore lumineux observé à 8 heures du soir par MM. Autheman et Dallest, sur un des murs en démolition.
4 Juin 1848. — Bénédiction de la nouvelle chapelle.
5 Juillet 1851. — Pour remettre le calme dans la population de Cassis, l'Évêque de Mazenod

fait placer dans la muraille de la nouvelle chapelle une statuette en albâtre, trouvée dans l'ancienne.

Chapelle des Pénitents (Voyez *Pénitents*).

Chapelle St-Pierre.

. . . . . . 1634. — Les Pénitents de N.-D.-de-Miséricorde s'y établissent. — 221.

13 Mai 1822. — Autorisation donnée par le Conseil municipal d'abattre *l'ancien édifice du magasin d'entrepôt de poudre, et de l'église St-Pierre*, par mesure de sûreté publique. — 221.

Chaperons.

7 Mai 1638. — Les Consuls obtiennent de l'évêque la permission de faire confectionner et de porter en public les chaperons, insignes de la dignité consulaire, à la condition qu'ils se les transmettront les uns aux autres. — 104.

6 Août 1638. — Arrêt de la Cour ratifiant cette autorisation.

23 Mars 1689. — Arrêt de la Cour conférant aux Consuls sortant d'exercice *la possession des chaperons comme gratification des soins et peines* qu'ils prennent pour les affaires publiques.

7 Avril 1690. — Ordonnance de Pierre-Cardin LEBRET, prescrivant aux Consuls sortants, de rendre à la commune les chaperons, sous peine d'une amende de vingt

3 Août 1791. — Vente aux enchères des derniers chaperons de velours cramoisi *comme rappelant trop l'ancien régime*. — 95.

Chapitre de la Major.

23 Mars 1776. — Les chanoines de la cathédrale de Marseille, *prieurs* décimateurs de Cassis, au lieu d'envoyer les ornements qui leur sont demandés pour la dignité du culte, n'expédient que des objets *très-antiques et usés*.

12 Février 1790. — Note fournie par le chapitre au vu de laquelle il est prouvé que la dime annuelle prélevée à Cassis, monte au chiffre de 1 774 livres.

Charité (maison de la).

12 Novem. 1687. — Ordonnance de l'intendant relative à son établissement.

20 Décem. 1692. — Mandement de l'Evêque pour le même objet. — 225

21 id. 1692. — Sa création par le père GUENARRE.

21 Mars 1698. — Achat de la nouvelle maison : pose du tableau de l'Ange gardien du château.

20 Janvier 1729. — Réorganisation du bureau par le curé CABROL, et nouveaux statuts approuvés par de BELZUNCE. — 225.

6 Août 1790. — Arrêt du Directoire du département qui décide que la municipalité de Cassis

pourvoira elle-même à l'administration de la maison de charité. — 226.

Château (Voyez aussi *Guerre*).

Environ	737.	— Fondation de ses premières murailles. — 32.
id.	1225.	— Construction des remparts actuels.
15 Août	1484.	— Acte de vente d'un emplacement à bâtir au château, au prix de 20 florins (12 sols le florin), à la condition que l'acquéreur viendra définitivement habiter Cassis.
. . . . . .	1524.	— Prise du château par l'armée du Connétable de Bourbon.
17 Mars	1592.	— Etablissement d'une garde exceptionnelle.
3 Décem.	1623.	— Le Conseil refuse d'adhérer à la demande plusieurs fois renouvelée par le commissaire d'artillerie de Marseille, de laisser enlever les pièces de canon qui défendent le château.
3 Décem.	1623.	— Le premier président du Parlement ayant informé les habitants qu'une flotte barbaresque composée d'une soixantaine de vaisseaux tient la mer et qu'elle peut aborder sur la côte, le conseil donne aux Consuls pouvoir de *fortifier les murailles et les portes du château de long en long*, d'acheter deux canons, de la poudre, des balles pour les mousquets, etc.
14 Juin	1626.	— Le conseil autorise les Consuls à vendre les *régales le long de la muraille du*

château, soit en dedans soit en dehors.

11 Avril 1638. — Pouvoir conféré aux consuls de faire réparer le château, d'acheter et d'y placer deux canons, etc.

20 Juin 1649. — Les Consuls établissent une garde de jour et de nuit.

22 Mai 1650. — Nouvel ordre donné aux Consuls d'acheter deux canons pour le château et de chercher de *bons canonniers* pour les servir

8 Juillet 1684. — Le Conseil général de la commune envoie une députation au comte de Grignan pour lui annoncer qu'ils se sentent assez forts pour défendre le château sans secours étrangers et décide de plus que le château sera mis sur le champ en bon état de défense. — 76.

30 Août 1744. — Nouvelles mesures du même genre. — 91.

24 Décem. 1770. — Les Consuls demandent que les canons qui avaient été enlevés par ordre du Roi y soient replacés.

22 Sept. 1794. — Ordre du général de démolir les anciennes bâtisses et d'élever de nouvelles constructions militaires. — 97.

18 Août 1813. — Prise du château par les Anglais. — 98.

. . . 1840. — Réparations importantes et nouvelles constructions.

. . . . 1855. — Nouvelles réparations.

Chemins et routes.

7 Juin 1563. — Le conseil vote un impôt dont le produit servira pour *adouber* les chemins.

27 Décem. 1605. — Ordonnance du Conseil de la commune prescrivant aux propriétaires ruraux de faire réparer chacun la *frontière* des chemins royaux, sous peine de supporter les frais que nécessiteront les travaux faits pour leur compte.

3 Janvier 1619. — Conformément à l'arrêt du Parlement obtenu par les Procureurs du pays, le conseil ordonne la réparation de tous les chemins de la commune.

28 Août 1633. — Pouvoir donné aux consuls d'agrandir le chemin de *l'escourche* et de réparer l'autre chemin de la Ciotat. — 146.

12 Juin 1663. — Le Conseil prescrit aux consuls de faire passer par Cassis le grand chemin de Marseille à la Ciotat, et de le réparer.

6 Sept. 1699. — La dame Sabran de Moustiers somme la commune de faire réparer le chemin royal de Marseille, Aubagne et Roquefort, qui conduit à ses propriétés du terroir.

19 Novem. 1702. — Pouvoir donné aux consuls de réparer le chemin *allant* à Pormiou et jeter des pierres à la *Culate* pour faciliter le passage *à l'autre côté du port*.

16 Sept. 1737. — Orage qui rend tous les chemins impraticables.

16 Août 1762. — Le conseil prescrit aux consuls de faire réparer tous les chemins de la commune aux frais et dépens de tous les *possèdant biens*.

15 Octobre 1762 — Lettre des Procureurs du pays au sujet de la construction du chemin (de St-Clair), pour le transport des vins étrangers. — 146.

9 Novem. 1762. — Ordonnance de l'Intendant à ce sujet.
8 Juin 1779. — Lettre des Procureurs du pays annonçant que l'entretien des chemins de Cassis à Marseille et de Cassis à la Ciotat sera à la charge de la viguerie.
29 Novem. 1810. — Le Conseil municipal de Cassis se joint à celui de la Ciotat pour demander la réparation du chemin de Marseille à la Ciotat par Cassis.
. . Juin 1838 — La circulation permise sur la nouvelle route.
13 Juin 1851. — Arrêté du préfet qui classe le chemin de Collongue parmi les chemins vicinaux.

Chèvres.

14 Avril 1577. — Le conseil désigne les quartiers où les troupeaux peuvent paître.
5 id. 1730. — Le conseil interdit aux habitants de posséder des chèvres dans toute l'étendue de la commune, *attendu qu'elles ne sont d'aucune utilité et qu'elles causent de grands dommages dans le terroir.*
18 Novem. 1741 — Supplique adressée au Parlement sollicitant le parcours des chèvres dans la commune.
30 Août 1804. — Autorisation de ce genre accordée par le Préfet.

Chiens.

18 Mars 1576. — Ordonnance du conseil contre les

propriétaires de chiens qui les laissent errer *sans croc* (muselière).

Choléra Morbus. (Voyez : *Epidémies.*).

Cimetière communal.

17 nov.	1702.	— Pouvoir donné aux Consuls d'emprunter 2,000 livres pour bâtir la maison claustrale et acheter un jardin pour le cimetière.
17 Juin	1703	— Délibération pour l'achat d'un jardin appartenant aux hoirs d'Antoine Daillhot.
17 Juin	1714	— L'Evêque de Marseille ayant manifesté l'intention d'avoir la colonne qui supporte la croix de marbre du cimetière, le conseil décide qu'on lui en fera cadeau, *attendu que c'est un homme à rendre de gros services.*
7 Mars	1779	— Conformément aux lettres-patentes du Roi du 15 mai 1776, le conseil décide de transporter le cimetière hors de l'enceinte de la ville.
18 Avril	1790.	— Le conseil approuve le projet d'agrandissement du cimetière.
16 Août	1804.	— Le Conseil municipal décide qu'on abandonnera le cimetière situé près de la paroisse pour en établir un nouveau sur le terrain du jardin de l'hôpital.
22 Février	1808.	— Le conseil vote l'achat du terrain pour un nouveau cimetière.
15 Juin	1808.	— Le Conseil municipal accepte l'offre qui lui est faite, à titre de don gratuit, par l'amiral Ganteaume, d'un terrain

au *Figuier-noir*, pour l'établissement projeté. — 240.

26 Nov. 1808. — Décret impérial signé au camp d'*Aranda di Duero*, autorisant la Commune à accepter le terrain offert.

3 Août 1809. — Réception du nouveau cimetière.

Cimetières particuliers (Voyez *Pénitents).*

Clocher.

29 Nov. 1682. — Le Conseil décide qu'on élèvera un clocher attenant à la nouvelle paroisse.

15 Juin 1721. — Délibération où il est résolu que le clocher sera *exhaussé d'une canne.*

Cloches.

29 Novemb. 1682 — Le Conseil décide qu'on enlèvera la cloche de l'église du château et qu'on la placera à la tour où est déjà l'horloge.

15 Nov. 1739. — Vote relatif à la fonte d'une nouvelle cloche.

14 Janvier. 1742. — La refonte générale des cloches est décidée.

11 Sep. 1794. — Ordre de l'agent national du district de Marseille d'enlever la petite cloche de la paroisse.

7 Février 1841 — Bénédiction et pose de deux nouvelles cloches.

Compascuité.

17 Mai 1200 — Etablie par Raymond Béranger IV. — 49

8 Avril 1784. — Le Conseil sollicite la rupture avec la commune de Roquefort.

Confréries et congrégations.

C. du St-Crucifix.

. . .	1686.	— Son établissement.
12 Sept.	1731.	— Ses nouveaux statuts approuvés par l'Évêque. — 110.

C. du tiers-ordre de St-Dominique.

. . . .	1690.	— Sa fondation.
10 Décem.	1728.	— Mgr de Belzunce donne son approbation aux nouveaux statuts. — 111.

C. de Ste-Elisabeth.

3 Sept. 1732. — L'Évêque autorise l'établissement des sœurs de Ste-Elisabeth. Ces dames libres faisaient toutes partie de la congrégation du tiers-ordre de St-François-d'Assise, et donnaient gratuitement des soins aux malades de l'hospice. — 111.

C. du St-Enfant Jésus. (Garçons.)

. . . . . .	1521	— Sa création. — 111.
18 Juin	1671	— Sa reconstitution par le père Brest, missionnaire de Gémenos.
9 Décem.	1673	— Est transportée à St-Clair-du-Port.
2 Mai	1718.	— Nouveaux statuts approuvés par Mgr de Belzunce.
3 Avril	1843.	— Son rétablissement par le père Joachim.
21 Novem.	1851	— Achat du terrain pour l'établissement dit de St-Louis. — 111

C. du St-Enfant Jésus. (Filles).

. . . 1670 — Sa Création. — 112.
23 Octo. 1731 — Mgr de BELZUNCE approuve ses nouveaux statuts.
. . . . . 1802. — Sa reconstitution.

C. du Tiers-ordre de St-François d'Assises.

10 Décem. 1728. — Mgr de BELZUNCE approuve les nouveaux statuts de cette confrérie de dames dont les membres s'engageaient à soigner les pauvres et les infirmes gratuitement. — 112.

C. de St.-Louis de Gonzague ou de la Jeunesse.

4 Octobre 1831 — Sa fondation par M. Honoré GAY, recteur de la paroisse.
20 Sept. 1840. — Les administrateurs de l'hospice autorisent les membres de la congrégation à s'assembler dans la chapelle de cet établissement.

C. des Pénitents. (Voyez Pénitents.)

C. de la Rédemption.

2 Février 1644. — Le Conseil autorise l'établissement de cette confrérie, instituée pour le rachat des pauvres esclaves, *sauf le bon plaisir de l'Évêque*. (Rien ne prouve que ce projet ait reçu son exécution).

C. du Rosaire.

16 Mars 1629. — Sa création. — 114.

— 23 —

10 Décem. 1728. — Belzunce approuve les nouveaux statuts de cette congrégation de femmes.

Conseillers municipaux. (Voyez aussi *Règlement*).

18 Mars 1576. — Ordonnance fort étendue, dressée en Conseil général, réglant, entr'autres questions, les peines dont sont frappés les Conseillers négligens. — 105.

6 Janvier 1794. — Exécution, à Marseille, des citoyens Garnier, Rentier, Rolland, Rastit et Patet dit *Chevalier*, maire et Conseillers municipaux.

Consigne. (Voyez aussi *Santé publique*).

12 Février 1764. — Le Conseil vote sa construction. — 242

22 Mars 1764. — L'Intendant approuve le projet ainsi que le tarif des droits d'ancrage.

Avril. 1843. — Réparations importantes.

Consuls. (Voyez aussi *Chaperons*).

2 Décem. 1547. — Ordonnance du Comte de Tende, prescrivant la mise en liberté des Consuls qui avaient été emprisonnés par Hugues Bompar, receveur des Etats, pour défaut de payement des tailles. — 105.

30 Janvier 1581. — Arrêt de la Cour du Parlement, séant à St-Maximin, qui ordonne la mise en liberté du baille et des Consuls de Cassis détenus à Marseille par les Consuls de cette dernière ville.

6 Octobre 1606. — Les Consuls qui avaient été emprisonnés à Marseille, pour contravention

aux lois, sont relaxés sur l'ordre du gouverneur de la province.

27 Avril 1670. — Les consuls ayant besoin de la protection de l'Évêque, pour quelques affaires, notamment le creusage du port, l'affranchissement du droit de foraine et *autres besoins du lieu*, et le susdit Évêque ayant, de son côté, besoin de quelques avances, le Conseil donne aux Consuls l'autorisation de compter, à ce Prélat, cinquante pistoles d'or, valant onze livres la pièce.

25 Juin 1697. — Lettres-patentes du Roi, portant *union de la charge de Gouverneur de la communauté, pour lesdites fonctions être faites par le sieur Maire et Consul.*-106.

21 Avril 1702. — Les consuls font venir des hautbois pour les accompagner à la procession du Jubilé à la Ciotat.

14 Janvier 1742. — Un lieutenant du régiment de la Tour d'Auvergne soufflette un des consuls, qui demandent sur le champ au Marquis de Mirepoix et aux procureurs du pays une réparation éclatante.

10 Octobre 1766. — Lettre de l'Évêque qui pour couper court aux poursuites judiciaires ordonna que le sieur François-Cassien Raphel, aubergiste, qui avait insulté les Consuls, leur demandera publiquement pardon.

12 Janvier 1768. — Inhumation aux frais de la communauté du 1er consul. La délibération de ce jour rappelle *qu'il est encore d'usage* que la commune fasse la dépense de

		l'enterrement des Consuls qui meurent en exercice. — 105.
13 Sept.	1789.	— Les Consuls convoquent le Conseil général pour la dernière fois.

Contributions et Impositions.

. . .	1389.	— Cassis assujetti à payer sa part de l'impôt de guerre. — 48.
5 Avril	1637.	— Le conseil ordonne des poursuites contre les communes du Beausset et du Castelet qui sont contribuables de celle de Cassis, jusqu'à entier payement des redevances.
26 id.	1716.	— Lettre du duc de Villars, gouverneur de Provence, menaçant les habitants de mesures militaires s'ils n'acquittent pas les impositions.

Corail.

7 Décem.	1636.	— Nouveau règlement au sujet du droit perçu par la commune sur le corail et le poisson introduits dans le port.
23 Novem.	1716.	— Les pêcheurs s'occupent, sous la direction de deux patrons envoyés de Marseille, de la recherche de quelques branches de corail que demande le Régent pour faire des expériences.

Culte.

20 Mai	1597.	— Le Conseil envoie une députation à l'Évêque pour le prier de faire confectionner divers ornements.

20 Octobre 1609. — Visite pastorale de l'évêque Jacques de Turicella. Ce prélat constate la richesse des objets superflus et la pauvreté des objets nécessaires.

3 Mai 1633. — Pouvoir donné aux Consuls de faire confectionner pour le service de l'église paroissiale une croix d'argent de la valeur de 300 livres.

16 Mars 1659. — La commune ayant besoin d'un secondaire, (vicaire,) pour le service de la paroisse, le Conseil en nomme un nouveau et détermine ainsi ses fonctions :
« Donner de l'eau bénite le S^t-jour du
« Dimanche à tout le peuple restant
« dans l'esglize quant lon dit l'*Asperges*
« *me* et donner de l'ensensoir à toute
« son assistance les bonnes festes et
« tenir ung flambeau les festes et di-
« manches lorsque le prêtre lève le
« Saint-Sacrement. »

25 Novem. 1725. — Testament de la demoiselle Montel, notaire Bezaudin de Marseille, faisant fondation des messes à l'aubier.

9 Juin 1748. — Le Conseil autorise les Consuls à dresser un tarif des droits de baptêmes, mariages, etc, dont le curé ne pourra pas s'écarter.

21 Juillet 1762. — Ordonnance de l'Intendant autorisant la commune à fournir au prêtre-aubier la somme de 600 livres pour poursuivre le procès contre le nommé Deville de Marseille, relativement à la messe de l'aube.

6 Novem. 1793.	—	Tous les objets du culte appartenant aux chapelles sont transportés à l'église paroissiale et la cloche des pénitents blancs à Marseille. — 95.
17 Janvier 1794.	—	Vente des objets d'or et d'argent appartenant au culte.
27 Juillet 1836.	—	Démolition d'un bel autel de l'ancienne chapelle St-Pierre ordonnée par le recteur de la paroisse.

Darse (Voyez *Môle et port*).

Dettes de la Commune.

15 Avril	1603.	— Le Conseil en ordonne le règlement.
15 Mai	1637. —	⎫
13 Avril	1638. —	Arrêt du Conseil d'État pour le même
26 Mars	1639. —	objet.
16 Mai	1640. —	⎭
5 Novem.	1688.	— Lebret père vérifie les dettes et en arrête le chiffre.
26 Sept.	1713.	— Arrêt du Conseil d'État qui commet le sieur Lebret fils, premier président du Parlement, pour procéder à la vérification et à la liquidation de ces dettes.
8 Janvier	2715	— Arrêt du Conseil d'État et lettres patentes du Roi les arrêtant définitivement. — 78.
28 Avril	1717.	— Mémoire adressé au duc d'Orléans, régent du royaume, où les Consuls exposent la fâcheuse situation de Cassis.
30 Novem.	1767.	— Lettres-patentes du Roi autorisant les Consuls à emprunter à constitution de rente de 4 p % la somme de **20,000** livres.

Droits seigneuriaux.

. . . .	1324.	— Hommage prêté au Roi de Provence par les habitants. — 47.
. . . . .	1344.	— Serment de fidélité prêté à la reine JEANNE. — 47.
20 Novem.	1565.	— Commencement du procès entre la commune et l'Évêque, au sujet de la directe universelle. — 58.
14 Mars.	1573.	— Arrêt de la Cour qui condamne définitivement l'Évêque. — 59.
18 Mai	1790.	— Note fournie par l'Évêque, au vu de laquelle il est prouvé que les droits qu'il prélève sur Cassis s'élèvent annuellement au chiffre de 280 livres.

Voyez aussi : *Chapitre de la Major ; Frères prêcheurs.*

Douanes.

23 Octobre 1810. — Les employés de cette administration saisissent en mer un corsaire.

7 Sept. 1840. — Achat du terrain pour l'établissement de la caserne de la Cacau.

Écoles publiques.

2 Octob. 1161. — Le Conseil ordonne la recherche d'un bon précepteur. — 127.

24 Octobre 1700. — Les Consuls sont autorisés à faire choix de plusieurs femmes *pour enseigner gratuitement les pauvres filles du lieu.*

12 Octobre 1704. — Le Conseil ordonne aux Consuls de *faire venir un grammairien pour enseigner le latin.* — 127.

30 Mars	1723.	— Mgr de BELZUNCE fonde une école pour les enfants des deux sexes. — 127.
16 id.	1777.	— Les Consuls sont autorisés à faire des démarches pour l'établissement des Frères ignorantins.
3 Mai	1803.	— Établissement d'une école primaire.
13 Janvier	1846.	— Autorisation donnée aux sœurs des SS-NN.-de-Jésus et de Marie.
8 Février	1846.	— Ouverture de cette école.
9 Janvier	1847.	— Délibération du Conseil municipal au sujet de l'établissement projeté des Frères.
. . . . . .	1853.	— Ouverture de l'école communale dirigée par les *Maristes*.

Élections.

1er Mai		— Jour de l'élection des officiers consulaires. Le lendemain les nouveaux élus allaient rendre visite à l'Évêque, auquel on *doibt tout respect et honneur*. 104.
26 Décembre.		— Jour des élections à partir de 1718.
7 Juillet	1716.	— Arrêt du conseil d'Etat fixant le jour des élections au 26 décembre, 2e fête de Noël.
1er Novem.	1718.	— Même affaire.
29 Mars	1789.	— Assemblée générale et élection des sieurs François-Xavier de GARNIER, Joseph DANIEL et François-Xavier BREMOND, députés à Aix pour l'élection des Etats-généraux.
15 Février	1791.	— Première élection des officiers municipaux. — 95.
5 Juin	1848.	— Les Cassidens vont voter pour la

deuxième fois à la Ciotat et, afin de n'avoir rien à prendre ou à acheter chez leurs voisins, ils emportent toutes leurs provisions de bouche, même *l'ea à boire*.

Emeutes:

7 Sept. 1624. — Pendant la nuit, l'alarme est donnée au village par la sentinelle du château et fait échouer l'entreprise formée par des factieux qui avaient voulu s'emparer de la porte du château.

9 Avril 1775. — Les garçons tailleurs de pierres et les garçons serruriers se livrent, les uns contre les autres, à de si grands désordres, que le Procureur-général envoie à Cassis de la cavalerie pour saisir les plus mutins.

31 Mars 1789. — Émeute occasionée par la cherté du pain : suppression du *piquet*. — 93.

Emplois et Charges.

1er Janvier 1564. — Délibération du Conseil ayant pour objet de contraindre les citoyens élus aux fonctions de capitaine de ville, collecteurs, etc, à accepter les emplois auxquels ils sont promus. = 104.

Enregistrement.

13 Juin 1792. — Suppression du bureau et sa translation à la Ciotat. — 106.

Esclaves.

19 Janvier 1628. — Arrêt du Parlement prescrivant aux habitants de tenir l'argent destiné au rachat des esclaves natifs de Cassis.

24 id. 1628. — Lettre de l'Intendant, faisant la même recommandation et invitant en outre les Consuls à armer deux vaisseaux chargés d'aller les chercher à Alger.

17 Juillet 1650. — Le Conseil donne au frère Pascal l'autorisation d'établir un hôpital destiné aux esclaves rachetés et d'y entretenir autant de religieux que bon lui semblera, le tout sous le bon plaisir de l'Évêque.

2 Juillet 1673. — Le Conseil ordonne aux Consuls de faire rentrer les sommes qui avaient été déboursées pour le rachat des esclaves qui avaient été détenus, savoir : 11 à Tunis et 9 à Alger (Ils avaient coûté 600 francs chacun).

21 Mai 1690. — Ordonnance de l'Intendant prescrivant le rachat de 6 esclaves.

Epidémies.

9 Août 1598. — Mesures de précaution prises contre la peste.

5 id. 1629. — Des bruits de peste circulant dans les environs, le Conseil ordonne aux Consuls de faire réparer et exhausser les barricades et d'interdire absolument l'entrée du village à n'importe quelle personne venant du dehors.

27 Février 1630. — Mesures du même genre.

31 Juillet 1630. — Le Conseil demande au Parlement la levée de la quarantaine attendu qu'il n'y a plus de pestiférés dans le pays.

15 Sept. 1630. — Ablations et purifications prescrites par le Conseil à tout pestiféré sortant des infirmeries.

25 Juillet 1649. — La peste ayant éclaté à Marseille, le Conseil prescrit aux Consuls d'établir des gardes, de relever les barrières, de fermer les avenus et d'acheter 2,600 livres de blé avant que les communications avec le dehors ne soient interrompues.

4 Sept. 1714. — Un grand nombre de maladies sévissant dans la population, les Consuls font venir simultanément un médecin de la Ciotat et un autre d'Aubagne *pour connaître leur nature*.

16 Sept. 1720. — Premier cas de la grande peste.

26 Février 1721. — Dernier cas de cette épidémie qui a fait 214 victimes. — 86.

17 Mai 1722. — Mesures analogues à celles de 1629 nécessitées par la recrudescence qui s'est déclarée à Marseille.

17 Octobre 1789. — Commencement d'une épidémie de petite vérole qui sévit jusqu'au mois de février suivant et tue 80 personnes.

27 janvier 1790. — Commencement d'une épidémie de fièvres malignes qui dure plusieurs mois et tue une centaine de personnes.

19 juillet 1835. — Commencement de la première épidémie de choléra à Cassis, qui ne cesse que le 25 août suivant. — 123.

26 janvier 1837. — Première épidémie de grippe qui dure jusqu'à la fin mars et à laquelle aucun des habitants ne réussit à se soustraire.
14 novembre 1847. — Deuxième épidémie de grippe.
26 août 1849. — Commencement de la deuxième épidémie de choléra qui dure jusqu'au 21 octobre suivant et tue 31 personnes sur 64 atteintes. — 123.
7 mai 1851. — Violente épidémie de petite vérole qui atteint 67 personnes et tue, entr'autres, aux Janots, trois frères en 24 heures.
13 août 1854. — Nouvelle invasion de choléra qui dure jusqu'au 25 octobre. — 123.

Faucons.

10 juin 1657. — La Commune achète au sieur Honoré BÉRARD, au prix de 40 livres l'un, trois faucons dressés dont elle fait don au Gouverneur de la province.
13 mai 1663. — Le même personnage ayant sollicité un nouveau cadeau du même genre, la Commune achète deux faucons *formats* au prix de 36 livres l'un.

Fêtes publiques et patronales (Voyez aussi : *Trins*).

8 mai — Apparition de St-Michel. — Longtemps la population a conservé l'usage d'aller, ce jour-là, entendre la messe à l'église du château, bien que celui-ci fut abandonné et que la nouvelle paroisse fut construite. Mais, à partir

	de **1777**, l'ancienne église menaçant ruine, on se contenta d'assister à cette cérémonie dans l'ancienne chapelle St-Antoine, en dehors des remparts. — Longtemps aussi la foire eût lieu ce jour-là même. — **130**.
15 août	— L'assomption de la Sainte-Vierge, ancienne fête patronale.
29 septembre	— St-Michel, fête patronale : depuis **1700** elle a été célébrée le **8 mai**, suivant l'autorisation donnée par l'Evêque de VINTIMILLE.

Foire.

12 mai	1824.	— Le Conseil municipal sollicite le rétablissement de la foire St-Michel.
8 mai	1853.	— Elle est enfin rétablie. — **131**.

Fontaines.

5 juillet 1637.	— Le Conseil donne pouvoir aux Consuls de *faire une fontaine qui rejaillira près le grand puits et une autre d'un canon proche le rivage de la mer.*
2 juillet 1651.	— Les Consuls sont autorisés à établir dans la ville une fontaine qui sera alimentée par l'eau de la *font du chemin*. La dépense sera couverte par la suppression de la distribution du pain qui se faisait le jour de la Pentecôte. (Cette fontaine est celle qui fut appelée *des Quatre nations*). — **241**.
11 mai 1653.	— Les Consuls reçoivent le pouvoir de faire *rejaillir la fontaine* sur la place.

22 août	1683.	— Le Conseil autorise les Consuls à faire creuser des puits aux endroits indiqués par le sieur Antoine BOYER, *devineur d'eau*, qu'ils avaient fait venir.
31 août	1758.	— La Commune déclare procès au sieur LAS, propriétaire de l'Arène, au sujet de la source dont il ne veut pas laisser jouir les habitants.
19 mars	1785.	— Contrat d'achat de la source de l'Arène. — Les travaux sont commencés la même année, la fontaine des Quatre nations démolie, etc. — 241.
6 novem.	1801.	— Violent orage qui emporte en partie les conduites de la fontaine.
7 février	1838.	— Recherches de cours d'eau souterrains, par l'abbé PARAMELLE.
6 août	1819.	— Le Conseil municipal vote 20,000 fr. pour la reconstruction des conduites.
2 juillet	1847.	— Inauguration de la fontaine du port.
8 avril	1855.	— Inauguration du jet d'eau de la place Montmarin. — 242.

Fours.

5 février	1436.	— Par acte passé aux écritures d'*Adventuron* RODETY, notaire à Marseille, le baron d'Aubagne donne à ses vassaux de Cassis, à nouveau bail, un four construit au-dessous du château *avec la réserve au profit du seigneur de la majeure directe et d'une cense annuelle d'un sol royal, ainsi que des treizains dûs de 20 en 20 ans et l'achat d'une galine*. — 49.

2 mai	1460.	Acte passé par-devant Vinatier, notaire à Marseille, par lequel les habitants de Cassis sont autorisés à construire un four au bas du château, moyennant la réserve du droit de fournage, à raison du trentième pain, du treizain payable tous les vingt ans, de la majeure directe, du droit de lods, de prélation, etc.
27 avril	1467.	Par suite d'un arrangement entre le seigneur et les habitants de Cassis, le droit de lods ou treizain devra se payer à l'époque de l'échéance. — 50.
27 mai	1579.	Frédéric de Ragueneau, évêque de Marseille, donne à nouveau bail à la Commune les fours, les moulins et une terre gaste, moyennant le payement d'un treizain tous les vingt ans, d'une cense annuelle d'un écu d'or, de trente sols tournois et de *six chapons*.
14 novem.	1610.	Autorisation donnée aux Consuls d'acheter un emplacement pour la construction d'un four.
11 avril	1628.	Arrêt du Parlement ordonnant que les lods ou treizains seront payés par la Communauté à l'évêque de Marseille *proportionnellement à ce que les fours rapportent*.
24 février	1669.	Le Conseil donne aux Consuls le pouvoir d'acheter un emplacement convenable pour y construire un four au lieu d'un autre hors de service. — Il délibère aussi de demander à l'Évêque

l'autorisation d'élever une nouvelle chapelle.

6 octobre 1715. — Délibération du Conseil au sujet de l'aliénation des fours. — **78**.

9 octobre 1715. — Procès-verbal d'estimation laquelle est fixée au chiffre de **69,564** livres, un sou, trois deniers.

22 avril 1716. — Les créanciers de la Commune les acceptent en payement de leurs créances. — **84**.

1er mai 1716. — Cession définitive.

30 mai 1719. — Requête à l'Intendant demandant à ce qu'il soit procédé à une nouvelle estimation du four neuf.

17 mai 1746. — Acte par lequel la Communauté s'oblige à payer annuellement à l'Évêque pour la franchise du four neuf, une somme de cinquante livres.

23 mai 1754. — Délibération du Conseil au sujet du rachat projeté des fours aliénés en **1716**.

24 février 1793. — Le Conseil municipal abaisse le droit de prestation de la banalité des fours du vingt-unième au quarante-unième pain, taux primitif.

23 avril 1793. — Arrêté du Département qui annulle cette délibération.

21 mai 1793. — Les propriétaires des fours citent la Commune à la barre du Tribunal du district : « aux fins de les faire jouir
« de la banalité et du taux de fournage
« au 21e pain; de faire cesser la construction des fours particuliers et de
« payer les dommages et intérêts résultés de la perte du 21e pain à

« dater du 24 février 1793, jusques au jour où ils seront rétablis dans leur libre et tranquille perception. »

21 sept. 1803. — Le Conseil municipal députe à Paris le sieur J.-V. Roux, à l'effet de soutenir la demande de la suppression de la banalité.

1er nov. 1841. — L'acte de vente de 1716, stipulant que la banalité sera supprimée le jour où les fours resteront fermés, le Maire fait publier un arrêté qui prononce la cessation de la banalité, les fours étant restés fermés pendant plus de 24 heures. Le 11 mars suivant le premier four particulier est livré au public. — 101. 109.

Frères prêcheurs.

12 février 1790. — Note fournie par le couvent de Marseille au vu de laquelle il est prouvé que ces religieux prélèvent net annuellement une directe de 431 livres, 2 sols.

Garde bourgeoise et garde nationale.

8 octobre 1543. — Ordonnance rendue par le baron de GRIGNAN contre le sieur Imbert RODEILHAT pour avoir refusé une des vingt-deux arquebuses confiées aux habitants pour la défense de la ville.

18 mai 1761. — Ordonnance du duc de Villars enjoignant aux Consuls de former une compagnie de milice bourgeoise, laquelle devra être composée d'un capitaine, un lieutenant, deux sergents, quatre caporaux, un tambour et quarante trois fusiliers qui seront employés à la garde de la côte et au service des batteries.
25 Juillet 1789. — Organisation de la garde nationale.
25 Avril 1791. — Le Maire demande au département 400 fusils pour l'armement de la garde nationale.
12 Août 1830. — Réorganisation de la garde.
15 Mai 1848. — Même affaire.

Guerre (Voyez aussi : *Anglais et Château*).

31 Mars 1592. — Le capitaine Jacques de St-Jehan propose à la Commune de l'affranchir de toutes charges et dépenses qu'elle aurait à supporter relativement à la guerre à la condition que celle-ci lui comptera mille écus et payera six hommes pendant un an.
26 Août 1593. — Le Conseil décide qu'on demandera au Comte de Carcès le pouvoir de *faire déloger* du château la compagnie qui y est casernée.
21 Janvier 1630. — Le Conseil approuve la dépense des provisions de bouche fournies à 2,500 hommes de troupes entrées dans le port de Pormiou, le 4 du même mois, sous le commandement du chevalier de La-

VALETTE. (Rien ne dit d'où venaient ni où allaient ces troupes.)

27 Août 1639. — Quelques bâtiments espagnols ayant paru au large on nomme un capitaine chargé de la défense du château, aux appointements de *quinze livres par mois, à la condition expresse qu'il ne quittera son poste ni le jour ni la nuit.*

11 Février 1650. — Arrivée du duc de JOYEUSE. (Rien ne dit ce que ce personnage est venu faire à Cassis ; il est seulement question des dépenses que son passage a occasionnées.

13 Mars 1669. — Organisation d'une garde de jour et de nuit et mesures générales de défense provoquées par l'annonce d'une flotte espagnole.

16 Avril 1675. — Les Consuls pour faire cesser les désordres commis par les soldats de la compagnie DARNAUD remettent à ce dernier vingt-cinq pistoles *pour le faire déloger.*

2 Juillet 1684. — et jours suivants. — Ordonnances du Comte de GRIGNAN relatives à la défense de Cassis ; nomination du capitaine RAMATUELLE ; convocation des milices d'Aubagne et de Roquevaire, etc. — 73.

30 Octobre 1746. — au 21 février 1749. — Grands mouvements de troupes. Bataillons de Conti, de Suisses, d'escadrons de dragons, de régiments de la Sarre, de Modène.

15 Août 1779. — Lettre du Marquis de GRAVE prescrivant la création d'une compagnie de canonniers postiches gardes-côtes ou du guet.

24 Mai 1795. — La Municipalité est autorisé à employer, sans délai, les citoyens de Mazargues, Geniès et Marguerite qui ont été requis de s'organiser en compagnie pour faire le service conjointement avec les canonniers qui occupent les différentes batteries. — 97.

11 Octobre 1795. — Le Capitaine CRAMETTE est investi du commandement de Cassis qu'il doit mettre sur le pied de guerre. — 97.

Glacis du port.

23 Mai 1790. — Les pêcheurs demandent et obtiennent la construction d'un glacis sur lequel ils puissent tirer leurs bateaux.

. . Décem. 1841. — Constructions du glacis des *Aiguesfonts*.

Gouverneur de la ville.

25 Juin 1697. — Lettres-patentes du Roi créant le 1er Consul, Maire et gouverneur.

21 Octobre 1723. — Lettres-patentes du Roi instituant l'office de *Gouverneur de la ville de Cassis* et nommant à cet emploi le sieur Louis de CABANE, un de ses mousquetaires.

Habitants.

11 Novem. 1533. — Charte de FRANÇOIS 1er donnée en leur faveur. — 55.

19 Juin 1745 — Lettre des Procureurs défendant sous des peines sévères aux habitants de

quitter le pays sans la permission expresse des Consuls. (Cette mesure était prise pour empêcher les travailleurs désignés pour les travaux des fortifications de Toulon de se soustraire aux corvées qui leur étaient imposées.

Horloge.

4 Décem.	1605.	— Le Conseil décide qu'il sera confectionné une horloge pour le château. — 67.
20 Sept.	1722.	— Elle en est enlevée et transportée sur le clocher de la nouvelle paroisse.

Hospice (Voyez aussi : *Charité*).

18 Mars	1576.	— Règlement municipal où il est fait mention de l'Hôtel-Dieu. — 223.
27 Mars	1583.	— Le Conseil autorise les Consuls à vendre, au profit de l'hospice, vingt-six places à bâtir. (L'enchère en eût lieu les 17, 18, 19 et 20 du mois suivant).
3 Août	1696.	— ⎱Lettres-patentes prescrivant des pour-
11 id.	1728.	— ⎰suites contre les débiteurs de l'hospice.
25 Février	1744.	— Le frère Jean BLANC, hermite de Ste-Croix, verse entre les mains du trésorier de l'hospice une somme destinée à la réparation de cet établissement et à l'achat d'un jardin.
27 Août	1744.	— Nouvelles lettres-patentes contre les débiteurs.
28 Mars	1796.	— Le Conseil municipal rejette la proposition qui lui est faite par le Ministre

5 Sept. 1803. —
5 Août 1832. —
10 Novem. 1832 —
                      de l'intérieur de joindre l'hospice de charité à l'hospice le plus voisin.

                      Vente de quelques immeubles lui appartenant.

6 Mars 1833. — L'Évêque autorise la célébration de la messe dans la chapelle.

Hôtel-de-ville.

6 Juin 1717. — La maison commune menaçant ruine le Conseil autorise les Consuls à en faire approprier une nouvelle.

15 Novem. 1739. — Il vote l'achat de la maison du sieur Martin Sauveur pour en faire l'hôtel-de-ville.

25 Sept. 1740. — Installation à la nouvelle maison commune. — 238.

14 Juillet 1808. — Échange du magasin du rez-de-chaussée de la maison commune contre les terrains de Ste-Croix.

Hydrographie.

28 Janvier 1700. — Ordonnance de l'Intendant de la province prescrivant au maître d'hydrographe de passer six mois de l'année à Cassis et six mois à la Ciotat, pour y donner ses leçons. — 163.

Juge de paix.

21 Mars 1791. — Le sieur Bremond est élu le premier juge de paix du canton de Cassis.

19 Sept. 1807. — Translation du tribunal à la Ciotat. — 106.

Lavoirs.

2 Juin 1613. — Le Conseil ordonne la construction de *lavadous à la font du chemin* pour servir à tous les habitants ; il prescrit aussi « l'établissement d'un canal sou-
« terrain pour recevoir les eaux du
« grand-puits, attendu qu'il est tout
« rompu et incommode et que les eaux
« qui y sont portent grandes incom-
« modités et puanteurs et infections ;
« il ordonne également de faire *ra-
« biller le puits de Cassis.*

23 Avril 1695. — Acte où les lavoirs de la place Montmarin sont cités comme existant déjà.

31 Août 1758. — Procès avec le sieur Las au sujet des lavoirs de l'Arène.

Limites de la commune.

12 Mai 1378. — Acte de limitation du territoire de Ceyreste dans lequel le territoire de Cassis est nommé *Terra de Cassinis*.

16 Octobre 1443 — Rapport de bornage dressé par Paulet Rafaelis, notaire de Brignolles, qui constate que le terroir de Cassis était beaucoup plus étendu alors qu'il ne l'est aujourd'hui. — 134.

18 Juillet 1551. — Procès-verbal de vérification des limites qui sont reconnues les mêmes qu'en 1443. — 58.

6 Janvier 1663 — Nouvelle reconnaissance opérée par les communes de la Ciotat, Cassis et Ceyreste. — 72.
19 Avril 1755. — Arrêt du Parlement relatif aux limites des communes limitrophes de Marseille.
29 Juillet 1786. — Procès-verbal de vérification dressé par un commissaire du Parlement de Provence.
25 Avril 1787. — Lettre de l'Évêque de Marseille aux Échevins de la même ville au sujet des limites et notamment de la pointe Cacau.
8 Novem. 1803. — Arrêté du Préfet qui nomme une commission chargée d'examiner les papiers et les limites des territoires de Marseille, Aubagne, Roquefort et Cassis.
29 Mai 1804. — Procès-verbal de vérification dressé par les Maires de la Ciotat, Cassis et Ceyreste.
4 Octobre 1810. — Arrêtés préfectoraux fixant définitivement les limites de la commune avec celles de Marseille, Aubagne et Roquefort. — 73.

Madrague.

28 Sept. 1633. — Approbation donnée par Richelieu au privilège accordé à Vincent de Roux, par lettres-patentes de juin précédent, relativement à l'établissement des madragues. — 174.
6 Janvier 1641. — Vincent de Roux cède son privilège de Pormiou à la communauté et aux pêcheurs de Cassis. — 174.

4 Janvier 1682. — Approbation de la dépense occasionnée par l'agrandissement du *bastidon* de la Madrague.
24 Octobre 1700. — Pouvoir donné aux Consuls *d'arrenter la pêche* de Pormiou et d'y construire un bâtiment.
. . . . . . 1793. — Suppression de la Madrague. — 175.
7 Juillet 1804. — Son rétablissement,
1er Janvier 1853. — Sa suppression définitive. — 175.

Marché.

7 Janvier 1845. — Son établissement sur la place Royale.
12 Juin 1852. — Sa translation sur la place Cendrillon.

Masques. (Voyez : *Sorcières*).

Missions.

16 Mai 1743. — Établissement d'une mission décennale par Marie Valois.
3 Décem. 1843. — Clôture de la célèbre mission donnée par le P. Bernard ; plantation de la croix en présence de l'Évêque.
17 Mars 1850. — La croix qui avait été abattue par un violent coup de mistral est relevée.
. . Novem. 1851. — Mission prêchée par deux capucins.

Môles. (Voyez aussi : *Port*).

Môles de la Darse.

13 Sept 1625. — Le Conseil ordonne qu'il y sera fait des réparations.
27 id 1626. — Le plan soumis au Conseil.
14 Mars 1638. — L'ordre est donné de travailler à leur confection.

7 Avril	1654.	— Le Conseil vote la construction de deux petits môles « l'un partant du quai allant « vers tremontane et l'autre partant « du quai allant vers le midi ; » il établit dans la même séance, dans le but de couvrir la dépense nécessitée par ces travaux et par ceux du creusage du port un droit de *trois livres par centenal de quintal.*
19 Mars	1780.	— Réparations à ces deux petits môles.

Môle de l'île.

19 Janvier	1620.	— Le Conseil invite les Consuls à se rendre à Aix pour solliciter auprès de la Cour des Comptes l'établissement d'une imposition sur les bâtiments de mer et d'un droit de quatre sous par millerolle de vin étranger introduit dans la commune dont le montant sera employé à la construction du môle. 154.
5 Avril	1620.	— Approbation du devis passé par les Consuls.
7 Août	1622.	— Établissement de l'impôt sur les bâtiments de mer et envoi à la Cour des Aides du projet de construction.
19 Février	1623.	— Adoption du plan définitif.
20 Mars	1623.	— Contrat passé à ce sujet avec le sieur Mathieu Lamit, entrepreneur, de Marseille, au prix de 17,400 livres.
12 Novem.	1623.	— Des poursuites sont ordonnées contre lui parce qu'il ne suit pas exactement le plan.
23 Avril	1624.	— Arrêt du Conseil d'État et lettres-pa-

tentes du Roi prescrivant *l'information sur la nécessité d'achèvement du môle et du creusement du port.*

22 Janvier 1625. — Rapport d'estime dressé par les experts envoyés par le Trésorier général des Finances au sujet des travaux à exécuter.

12 Mai 1658. — Le conseil vote la réparation et l'augmentation du vieux môle et délivre l'entreprise au sieur REYNAUD, moyennant 12,000 livres.

24 Novem. 1694. — Graves dégats occasionnés par une tempête. — 77.

22 Février 1695. — Ces dégats sont estimés par le sieur Jérôme d'AUDIFFRET, 45,000 livres.

25 Sept. 1695. — Nouvelle tempête, nouveaux désastres.

12 Février 1702. — Le Conseil décide qu'il sera dressé un devis pour la reconstruction du môle. — Un emprunt de 4,000 livres est décidé le 23 avril suivant.

25 Sept. 1705. — Le môle sera construit d'après le plan de l'ingénieur VALLON, conformément au prix fait de 27,800 livres établi dans la séance du 10 juin précédent.

23 Sept. 1705. — Devis des réparations à entreprendre.

.. Novem. 1731. — L'Assemblée générale tenue à Lambesc souscrit pour un tiers de la dépense.

4 Décem. 1739. — Tempête qui détruit le môle de fond en comble. — 90.

22 Juillet 1743. — Lettre des Procureurs du pays ordonnant aux Consuls de le faire réparer immédiatement.

11 Juillet 1751. — Arrêt de la Cour autorisant les Consuls à faire la jetée de pierres.

16 Août   1764. — Le Conseil vote une nouvelle jetée.
18 Février   1773. — Réclamation des communes d'Aubagne, Roquevaire, Gémenos et Roquefort adressée à l'Assemblée générale des Etats, au sujet des sommes qu'elles doivent verser pour les travaux du port. — 91.
12 Janvier   1774. — Les Procureurs du pays viennent examiner sa situation et donnent des ordres au sujet de la reconstruction du môle.
18 Novem.   1791. — Tempête qui occasionne de graves dégats.
6 Mars   1799. — Réparations au môle et aux quais.
25 Décem.   1821. — ⎰Tempêtes du S.-O. qui détruisent une
22 Mars   1855. — ⎱partie du môle. — 101.
. . . . . . 1856. — Réparations importantes.

Mont de Piété.

1ᵉʳ Mars   1719. — Sa fondation par Marie Valois. — 226
9 Novem.   1727. — Mandement de Mgʳ de Belzunce, au sujet de son organisation. — 226.
28 Sept.   1728. — Sa mise en activité conformément au règlement approuvé par l'Evêque, le 22 juin et par le Parlement, le 13 septembre précédents.
. . .   1792. — Sa suppression.
9 Mai   1803. — Le Conseil municipal sollicite son rétablissement. — 227.
11 id.   1821. — Vente des derniers effets qui s'y trouvent déposés. Le lendemain le Conseil municipal émet, mais inutilement, le vœu de sa réorganisation. — 227.

Moulins.

5 Juillet 1637. — Pouvoir donné aux Consuls de faire construire un nouveau moulin à huile.

11 id. 1754. — Achat de la maison et de l'emplacement du sieur EYDIN pour y placer les moulins à huile et les écoles.

10 Février 1760. — Le Conseil cède gratuitement un emplacement sur la place St-Pierre pour la construction de deux moulins à vent.

22 Février 1767. — Le Conseil délibère à l'unanimité d'acheter à la demoiselle PIGNON deux moulins à vent, le magasin du chantier, l'emplacement près des lavoirs, les écoles des garçons, le moulin à huile, la prison, la *tuerie des bœufs*, le magasin de l'entrepôt, etc.

18 Juin 1784. — Permission accordée aux particuliers de construire des moulin à huile, (la Commune jouissant seule jusqu'alors de ce droit.)

25 Février 1843. — Vente aux enchères du petit moulin à huile communal.

Navires. (Voyez aussi : *Chantiers de construction*).

5 Décem. 1624. — Les Consuls affirment, sous la foi du serment, que la marine du pays comprend : « Quinze barques qui négo-
« cient partout, cinq tartanes et qua-
« tre bateaux qui font le commerce
« du bois, et cinquante-huit bateaux
« pêcheurs. » — **153.**

3 Octobre 1628. — Le Duc de GUISE, gouverneur de la Provence, ordonne aux Consuls de lui fournir 20 mariniers de Cassis pour ses galions, pour tout le temps d'une tournée qu'il va entreprendre le long de la côte.

2 Février 1629. — Le Conseil refuse d'obtempérer à l'ordre qui lui a été donné le 30 janvier précédent par le duc de GUISE de payer la solde des marins du pays actuellement au service des vaisseaux. Les Consuls prétendent que la commune est trop pauvre pour supporter cette charge et que si elle était tenue de le faire elle serait bien vite ruinée ; mais pour remédier à ce que cette désobéissance pourrait avoir d'inconvenant aux yeux de ce seigneur, ils décident que l'un d'eux ira lui faire cadeau de *huit flacons de muscat :* mais sur une nouvelle sommation du Duc, le Conseil effrayé décide, le 11, qu'il donnera l'argent demandé. Il parait, cependant, que le Duc entendit raison puisque, le 3 Mars suivant, il déchargea la commune de cette imposition forcée.

29 Sept. — 1536. Les Consuls reçoivent du Conseil l'ordre de préparer deux barques armées, équipées et approvisionnées pour le compte du Roi qui a l'intention de chasser les Espagnols des îles Ste-Marguerite, etc.

24 Août 1636. — Les Consuls proposent au Conseil et celui-ci autorise le renvoi au fabricant

de Marseille de cinq pièces de canons en fer qui avaient servi à l'armement de deux navires, en lui payant les intérêts du temps pendant lequel la commune les a gardées.

18 Sept. 1636. — Sur la réquisition du Gouverneur de la Province, deux tartanes montées par huit hommes chacune partent pour St-Tropez où les appelle le service du Roi.

26 Décem. 1636. — Lettre de remerciment adressée à ce sujet par Louis XIII *à ses chers et bien aimés* les Consuls et habitants de Cassis. — 71.

11 Janvier 1637. — Lettre de Sourdis, Archevêque de Bordeaux, datée de Toulon, invitant les Consuls à lui fournir pour le service du Roi deux barques portant de 1800 à 2,000 *quintaux* chacune et *un mois de victuailles*.

19 Avril 1678. — Arrêt de la Cour des comptes approuvant l'imposition sur les bâtiments de mer.

7 Mai 1754. — Lettre de M. Pignon, inspecteur du commerce et directeur général de la Compagnie d'Afrique, annonçant aux Consuls qu'il va faire construire plusieurs navires pour le compte de cette compagnie. — 163.

13 Février 1856. — Mise à l'eau du trois-mats le St-André. — 195.

Notaires.

25 Janvier 1632. — Le Conseil s'oppose à l'installation projetée d'un troisième notaire, attendu, disent les Consuls, que les deux qui y sont déjà établis sont suffisants et capables.

Octroi.

10 Octobre 1800. — Son établissement.
29 Sept. 1812. — Arrêté ministériel qui le réorganise.

Orages, ouragans et tempêtes.

26 Août 1636. — Violent orage qui occasionne de grands dégats dans le terroir.
24 Novem. 1694. —
25 Sept. 1695. — Tempêtes qui détruisent une partie du
16 id. 1737. — môle. — 77, 90.
4 Décem. 1739. —
11 Janvier 1777. — Ste-Croix maltraitée par un orage.
18 Novem. 1791. — Tempête violente qui endommage le môle et les quais.
6 id. 1801. — Ouragan et pluie désastreuse.
25 Décem. 1821. — *Labéchade* épouvantable. — 101.
22 Mars 1855. — Tempête qui détruit une partie du môle.

Paix.

12 Mars 1625. — Les Consuls se rendent à Marseille pour y assister aux conférences relatives à la paix de Barbarie.
16 Juin 1628. — Lettre du Duc de Guise adressée aux Consuls dans le même but. — 71.

Pas de la Colle.

15 Mai 1580. — Les Consuls de la Ciotat proposent à

ceux de Cassis d'augmenter la garde de ce point d'un arquebusier, afin que *ceux de Marseille ou autres* ne commettent aucun dommage. — 66.

4 Août 1580. — Les Consuls de la Ciotat font placer deux hommes de garde à la Colle de Cassis; « pour y faire arrester tous venants de « Marseille ou son terroir et garder « que nulle personne d'iceux ne vienne « audit lieu. »

Paroisse du château.

11 Novem. 1521. — Sa consécration par l'Évêque de TARRAGONNE, de passage à Cassis. — 53.

21 Janvier 1618. — Le Conseil décide que chaque année il sera choisi deux Recteurs : « chargés de « gouverner et d'entretenir la *grande* « *église du château* à la dévotion de « St-Michel. »

10 Avril 1791. — Le Conseil municipal vote des réparations qui ne sont pas exécutées.

22 Sept. 1794. — Démolition des vieilles bâtisses, prescrite par le général. — 97.

Paroisse de la ville (Voyez aussi : *Culte*).

17 Août 1528. — Acte passé pardevant Antoine ETIENNE, notaire, où il est spécifié que la chapelle existant à Cassis-le-vieil se nomme *N.-D. de la mer*. — 28.

10 Mars 1614. — Sentence de l'Évêque qui condamne le prieur prébendé de l'église de Cassis à payer dix-huit cents livres pour sa

part à la construction de la nouvelle paroisse et à fournir les ornements nécessaires.

27 Juillet 1614. — Le Conseil décide « qu'on procédera à « l'estimation de la chapelle des Péni- « tents, que l'on prendra pour l'élar- « gissement de l'église Notre-Dame et « que les pénitents auront la permis- « sion de se réunir pour dire leur office « à St-Clair. Il décide ensuite que pour « faire travailler à la facture de cette « église il sera prélevé *chez tous ceux* « *qui vendent*, y compris le boucher, « un liard par livre et que cela durera « jusqu'au premier jour de carême pre- « nant. »

10 Août 1614. — Le Conseil ordonne la mise en vente de quelques propriétés communales dont le montant sera employé, partie à l'agrandissement de la nouvelle paroisse Notre-Dame, partie à la construction d'un four à chaux qui servira au même objet.

4 Sept. 1614. — Le sieur de Moustiers se refusant à vendre un morceau de terrain nécessaire pour l'agrandissement projeté, des poursuites sont ordonnées contre lui.

24 Juin 1617. — Le Conseil décide qu'il sera fait à l'église paroissiale *du bas* diverses modifications importantes telles que : ouvertures d'arcades, grande fenêtre au-dessus de la porte d'entrée, etc. Ces travaux sont mis aux enchères, le 10 juillet suivant et délivrées au prix de

1,650 livres au sieur Rousset, maitre maçon de Marseille.

12 Sept. 1632. — Conformément à l'avis de deux experts venus de Marseille, le Conseil ordonne de promptes réparations à l'église paroissiale qui menace ruine et donne aux Consuls le pouvoir d'acheter au sieur de Moustiers le terrain nécessaire pour la *fortifier*.

6 Mars 1650. — Le sieur de Moustiers ayant, contrairement à ses droits, commencé à bâtir une maison dont la muraille s'appuie contre l'église, est mis en demeure par le Conseil de démolir ce qu'il a déjà élevé, sous peine de dommages et intérêts.

12 Avril 1671. — Le Conseil délibère que l'église sera de nouveau agrandie.

16 Octobre 1718. — Consécration de la paroisse par Belzunce sous l'invocation de St-Michel et de St-Henri. — 85, 228.

20 Avril 1727. — Une partie de la voûte s'écroule.

29 Août 1758. — L'Intendant autorise un emprunt de 1,200 livres pour les réparations de la paroisse qui menace ruine.

23 Mai 1759. — Ce même personnage accorde l'autorisation d'ouvrir l'*arcade du Saint-Esprit*.

14 Mai 1790. — Le Conseil municipal décide qu'on enlèvera de l'église les *bancs qui sont trop aristocratiques* et qu'on les remplacera par des chaises que l'on payera les jours de fêtes et dimanches, six deniers chacune.

17 Juillet 1796. — L'administration cantonale demande au Département que les ci-devant églises paroissiales des quatre communes soient conservées pour les besoins du culte.

. . . . . 1838. — Reconstruction du sanctuaire.

Pêche. (Voyez aussi : *Madrague et Poissons*).

7 Juin 1623. — Lettres-patentes de Louis XIII par lesquelles ce Roi accorde à son fauconnier Honoré Bérard, le droit exclusif de pêche à Pormiou. — **174.**

25 Janvier 1632. — Le Conseil délibère d'acheter ce privilège.

6 Juillet 1645. — Lettres-patentes de Louis XIV qui confirme, en faveur de Bérard fils, le droit qui avait été accordé à son père. — **174.**

21 Nov. 1658. — Jean-Augustin de Michaelis cède à la Commune le droit de pêche à Pormiou qu'il avait acheté lui-même à Honoré Bérard fils. — **174.**

29 Juin 1716. — Pêche de dauphins à laquelle assiste le duc de Villars. — **175.**

12 Sept. 1812. — Le Conseil municipal sollicite l'établissement d'une pêcherie à Pormiou.

26 Juin 1814. — Pêche d'une cinquantaine de dauphins exécutée dans le port. — **175.**

31 Mars 1847. — Etablissement d'un parc de coquillages à la *Culate*.

16 Id. 1855. — Une commission municipale étudie à Pormiou le plan proposé par M. Garnier-Savatier pour des établissements de pisciculture.

Pénitents blancs.

3 Avril	1569.	— Création de la Confrérie des Pénitents du St-Esprit. — **112**.
27 Juillet	1614.	— Leur chapelle devant être démolie pour l'agrandissement de la paroisse, la commune les autorise à se réunir à St-Clair (sur le port). — **219**.
5 Juin	1779.	— Monseigneur de Belloy autorise les pénitents blancs à faire construire un cimetière particulier. — **240**.
9 Sept.	1807.	— Le bureau de bienfaisance de Ceyreste propriétaire de la chapelle.
14 Octob.	1812.	— Sa vente à des particuliers. — **220**.
26 Mai	1839.	— Sa démolition pour la création de la grand'route de Marseille. = **220**.

Pénitents noirs.

. . . . .	1634.	— Établissement des pénitents de N.-D.-de-Miséricorde à la chapelle St-Pierre. — **221**.
12 Sept.	1643.	— Bref du pape Urbain VIII donné à Rome en l'église Ste-Marie-Majeure, accordant diverses indulgences à tous les *frères et sœurs* pénitents de l'église, chapelle ou oratoire de N.-D.-de-Miséricorde de Cassis.
8 Sept.	1647.	— Les pénitents, réunis en assemblée générale, délibèrent qu'on demandera à l'Évêque l'autorisation d'établir un bassin pour la quête, un guidon et un *christ mourant sur la croix pour leur sortie en procession.*

1er Juin 1649. — Les pénitents noirs reçoivent dans la confrérie le sieur Michel BRUNET, *décédé la veille*, et lui rendent tous les honneurs mortuaires, « attendu qu'avant « de mourir, celui-ci avait manifesté « l'intention de prendre l'habit et « avait, par testament, laissé une gra- « tification à la chapelle. »

28 Mars 1712. — Assemblée générale dans laquelle l'agrandissement de la chapelle, la construction de la sacristie, etc., sont décidés.

6 Janvier 1715. — La confrérie des pénitents noirs présente à l'Évêque une requête contre les pénitents blancs qui avaient admis pour frère un ancien pénitent noir.

7 Mars 1741. — L'Évêque autorise les pénitents noirs à prendre pour aumônier de leur chapelle un capucin du couvent de La Ciotat et leur accorde quelques petites prérogatives.

22 Octob. 1728. — Autorisation donnée par l'évêché d'établir un cimetière particulier contigu à la chapelle. La permission d'y ensevelir ne fut accordée par ce prélat que le 15 avril 1729, quoiqu'il eut été béni le 15 novembre précédent. — 240.

. . . . . 1807. — Reconstitution de la Confrérie des pénitents sous l'invocation du St-Nom de Jésus. — 114.

Perruquiers.

28 Mars. 1737. — Convention passée entre les chirurgiens

et perruquiers de Cassis où il est spécifié que celui d'entr'eux qui sera reconnu avoir rasé le dimanche sera puni d'une amende de quinze livres.

9 Sept. 1752. — Lettres-patentes de : « Germain de la
« Martinière, Ecuyer, premier Chirur-
« gien du Roi, Président de l'Académie
« royale de chirurgie, Chef et Garde
« des chartes, statuts et privilèges de
« la chirurgie, Inspecteur et Directeur
« général de la *barberie* du royaume
« qui, sur les bons témoignages qui
« lui ont été rendus de la personne et
« des sens, suffisance, capacité et ex-
« périence du sieur Courmes, l'institue
« et le commet son lieutenant en la
« communauté des maîtres perru-
« quiers, baigneurs, étuvistes de la
« ville de Cassis pour y jouir des hon-
« neurs, autorité, juridiction, franchi-
« ses, droits utiles et privilèges atta-
« chés à cette qualité. . . . »

Petite vérole. (Voyez : *Épidémies*).

Phare.

1er Nov. 1841. — Son inauguration. — 242.

Piquet.

31 Mars 1789. — Sa suppression à la suite d'une émeute ; mais son rétablissement a lieu le 21 mai suivant. — 93.

Pirates.

15 Juin	1614. —	Dans la crainte des corsaires turcs, le Conseil prescrit aux Consuls de monter les pièces de canon et d'acheter de la poudre et des balles.
27 Mai	1616. —	Même affaire. Les Consuls doivent de plus se procurer à Marseille cinquante arquebuses.
2 Juin	1616. —	Même affaire. Indépendamment d'une garde à la Cacau, le Conseil ordonne la distribution des cinquante arquebuses aux habitants. Ceux-ci seront obligés de se rendre à toute réquisition du Capitaine de ville, sous peine des frais nécessités pour leur remplacement et le payement d'une amende de huit sous.
19 Mai	1625. —	Etablissement d'une garde continuelle au château et à la pointe Cacau pour surveiller les pirates.

Place de l'église.

28 Sept.	1614. —	Projet d'agrandissement de la place Notre-Dame au moyen de l'achat et de la démolition de deux maisons. (N'ayant pu s'entendre avec les propriétaires, le Conseil y renonça).
20 Nov.	1645. —	La Commune achète une maison près l'église pour *embellir* la place.
1ᵉʳ Mai	1738. —	La Commune vend au sieur GARNIER la place de l'église à la condition qu'il ne pourra, ni la *boucher, ni fermer les fenêtres* de la paroisse.

6 Mars 1768. — Autorisation donnée aux Consuls de planter des arbres sur la place de l'église et d'y faire les embellissements nécessaires.

Place de la Galère.

9 Avril 1801. — Plantation d'un arbre de la liberté.

Place des lavoirs ou Cendrillon. (Voyez aussi : *Chantiers*).

14 Février 1751. — Plantations et applanissement.
26 Octob. 1760. — Nouvelles plantations.

Place Montmarin. (Voyez aussi : *Chantiers*).

2 Juin 1776. — Le Conseil décide à l'unanimité de céder au sieur Bergasse une partie de cette place pour y construire des magasins. Le 16 du même mois, l'Evêque autorise cet établissement, moyennant payement de lods et d'une petite cense. — 188.
.. Mars 1855. — Plantations et jet d'eau conformément à la délibération du 18 janvier 1854.

Place Royale.

2 Février 1819. — Le Maire fait abattre, au grand dépit de la population, un gros orme qui se trouvait devant le clocher.
8 Décem. 1845. — Pose d'un réverbère.

Presbitère.

- 24 Octob. 1700. — Le Conseil donne aux Consuls lé pouvoir de *faire la maison claustrale.*
- 5 Juin 1702. — Même affaire. — 228.
- 17 Sept. 1702. — Le Conseil décide que cette maison se construira au grand cimetière derrière la paroisse.
- 19 Nov. 1702. — Ordre définitif qui avait été précédé l'avant-veille de l'autorisation d'un emprunt de 2,000 livres.
- 5 Juin 1703. — Ordonnance de l'Intendant de la Province autorisant la construction. Le 24 juillet suivant, le sieur Barthélemy BÉRAUD, maître maçon, l'entreprend.
- . . . . . 1792. — Sa vente à un particulier.
- 30 Mai 1803. — Le Conseil municipal sollicite des secours pour pouvoir le racheter.
- 12 Août 1818. — Projet de rachat.
- 6 Déc. 1820. — Ordonnance royale autorisant cette transaction.
- 21 Févr. 1821. — Nouveau projet de rachat.
- 20 Sept. 1828. — Ordonnance royale autorisant l'échange d'une maison appartenant à la commune contre l'ancien presbytère.
- 21 Sept. 1829. — Est rendu à sa destination primitive.

Prison.

- 20 Juillet 1704. — Sa construction proposée par l'Evêque à la Commune.
- 6 Mai 1823. — Le Conseil municipal autorise le transfert des prisons de la maison de la rue Droite à celle de la rue de l'Arène.

Propriétés communales. (Voyez aussi : *Limites*).

23 Nov. 1563. — Pierre RAGUENEAU, Evêque de Marseille, adresse au Parlement une requête en exhibition de titres des communes d'Aubagne, St-Marcel, Cassis et Roquefort.

1ᵉʳ Mai 1564. — La commune achète la terre du *puits de Boffies*, au prix de quatre écus d'or.

. . . . . 1579. — Usurpation du seigneur de Roquefort.

6 Juillet 1616. — Achat par la commune, à la *Bourgade*, quartier St-Esprit, d'une place de maison sur laquelle elle avait établi un puits *pour servir à tout le général*.

12 Juillet 1632. — Le Conseil ordonne des poursuites contre les Marseillais qui font construire des *jas* et élever des murailles sur la terre gaste de la commune.

2 Octob. 1661. — Les Consuls se plaignent de ce que des habitants de la Ciotat empiètent sur le territoire de la commune du côté de Canaille.

29 Juillet 1714. — Le Conseil se décide à aliéner les domaines de la commune. — 78.

6 Août 1773. — La demoiselle PIGNON cède à la commune l'enclos que son frère avait fait bâtir à l'île St-Pierre.

13 Mai 1791. — Vente des biens nationaux de la commune, opérée par le district.

15 Janv. 1797. — Le Conseil municipal vote la vente de tous les capitaux, créances et immeubles de la commune. — 95.

Prud'hommes.

27 Octob. 1790. — Les pêcheurs envoient à Paris une députation dans le but d'obtenir la création d'un tribunal particulier. — 175.
8 Déc. 1790. — Décret de l'Assemblée nationale instituant le tribunal. — 175.

Poissons. (Voyez aussi : *Pêche et Madrague.*)

7 Déc. 1636. — Le Conseil impose le poissons à son entrée dans le port.
.. Janv. 1646. — L'Assemblée générale des Etats prescrit la suppression de ce droit.
16 Juillet 1708. — Le Conseil vote la construction d'une halle destinée à servir de poissonnerie.

Port de Pormiou.

17 Février 1621. — Artus d'Espinay, Evêque de Marseille, ayant écrit le 15 janvier précédent qu'une personne de qualité (probablement Vincent de Roux), a demandé au Roi de *fermer* le port de Pormiou aux habitants, ceux-ci répondent à ce prélat que ce port leur ayant servi, de temps immémorial, *soit pour la pêche, soit pour le refuge des bâtiments,* il est pour eux du plus haut intérêt que cela continue.
17 Sept. 1702. — Le Conseil décide qu'il sera fait quelques réparations pour empêcher les pierres de rouler dans le port et qu'on

établira quelques *norails*. (Le mot est lisiblement écrit).

19 Nov. 1702. — Il ordonne aux Consuls de faire une jetée de pierres à la *Culate*.

4 Avril 1839. — Adjudication des travaux du quai de ce port.

Port de la ville. (Voyez aussi : *Môles*).

1er Déc. 1613. — « Des particuliers s'opposant à la pose
« de bornes pour le tirage des bar-
« ques et des bateaux du lieu, le Con-
« seil ordonne aux Consuls de les faire
« planter long le rivage de la mer et
« au défaut de la calade de la rue et ce
« aux risque et fortune de la commu-
« nauté puisque c'est un bien public
« et que le rivage est du commun et
« non point des particuliers. »

20 Déc. 1619. — Projet de construction d'un port au moyen d'un môle qui reliera la terre ferme à l'île St-Pierre et d'un autre môle partant de ce même point et tirant droit au *Canovié*.

16 Déc. 1624. — Procès-verbal d'enquête dressé par Mathieu Liautaud, trésorier général, au sujet de la nécessité du port.

30 Sept. 1633. — Lettres-patentes du Roi prescrivant le droit de quatre sous par millerolle perçu sur les vins étrangers pour l'entretien et le creusage du port. — **154**.

18 Octob. 1653. — Les Consuls reçoivent le pouvoir d'aviser aux moyens de creuser le port et de faire contribuer à la dépense les communes voisines.

26 Mars	1654.	— Les Consuls sont autorisés à mettre aux enchères les travaux du creusage du port.
31 Octob.	1700.	— Un mémoire est présenté au Roi dans le but d'obtenir la réparation des ports de Cassis et de Pormiou.
1er Décem.	1738.	— Arrêt du Conseil d'Etat portant que la dépense du creusage du port sera supportée en parties égales par la Commune de Cassis, la Province et le Roi.
7 Mars	1752.	— Nouvel arrêt du Conseil d'État relatif au creusage.
4 Avril	1752.	— Ordonnance de l'Intendant autorisant la Commune à emprunter les sommes qu'elle doit fournir pour son contingent aux travaux.
21 Mars	1772.	— Les Procureurs du pays obligent les communes d'Aubagne, Roquevaire, Gémenos et Roquefort, à fournir une somme de **7,980 fr.** pour la restauration du port. — 92.

Portes de la Ville.

23 Février 1681. — Le Conseil prescrit l'érection d'un *portail au bout de la rue qui va à Marseille* (chemin du plan) *pour l'embellissement du lieu.*

19 Avril 1682. — Construction du nouveau portail du Plan.

26 Décem. 1737. — Un violent orage ayant abattu le *portail* du Petit-Jésus, ordre est donné aux Consuls de le faire relever.

28 Octobre 1746. — Le Conseil autorise les Consuls, « attendu que l'armée ennemie menace

— 68 —

« d'entrer en Provence et dans le but
« de prévenir les incursions et les sac-
« cagements qui pourraient se faire par
« des détachements, à faire murer les
« avenues de la ville et certaines tra-
« verses, ainsi que cela s'était fait au-
« trefois, dans des circonstances analo-
« gues, ne laissant que trois portes
« pour l'utilité publique. »

Postes.

. . . . . 1785. — Etablissement du bureau. — 108.
1er Janvier 1818. — Sa suppression et création d'un simple bureau de distribution.
31 Juillet 1827. — Le préfet refuse de le rétablir.

Puits.

2 Juin 1613. — Le Conseil prescrit des réparations au grand puits et au puits de Cassis.
19 Juillet 1615. — Pouvoir donné aux Consuls de « *faire cava lou pous de Cassis pour avoir davantage d'aige.*»
25 Mai 1625. — Les Consuls reçoivent du Conseil l'ordre de faire creuser la citerne existant au château et de prescrire à chaque habitant de transporter audit château une barrique remplie de pain pour en avoir en cas de besoin.
20 Décem. 1762. — Le Conseil ordonne le creusage du puits de la grand'rue.
27 Juillet 1826. — Ouverture du puits de la pile.
31 Décem. 1842. — Pose de la pompe au puits de la fontaine.

Quais.

29 Avril 1764. — Le Conseil décide l'élargissement de ceux du port, pour faciliter l'embarquement des vins étrangers.
6 Mars 1799. —
. . . . . . 1717. — } Améliorations et réparations.
. . . . . . 1842. — Prolongement du quai sous le môle.
. . . . . . 1855. — Repavage du quai sud.

Recensements.

5 Décem. 1624. — Enquête qui prouve que Cassis comprend à cette époque 255 maisons habitées. — 118.
20 Août 1728. — Le rapport des commissaires députés au sujet du nouvel affouagement constate que :
 1º Le nombre des habitants chefs de famille est de 578 non compris les femmes et les enfants.
 2º Le chiffre des maisons habitées est de 362.
 3º Le nombre des bastides habitées de tout le terroir est de 26.
20 Mai 1746. — « Rôle des habitants et dénombrement général d'iceux depuis l'âge de 18 ans jusqu'à 70. » Cette pièce constate que ces habitants sont au nombre de 223.
26 Août 1765. — Le dénombrement des habitants de Cassis et de son territoire donne pour résultat le chiffre de 2,111.

20 Juin	1789. — 2,030	
7 Novem.	1793. — 2,316	
. . . . . .	1834. — 2,050	Habitants domiciliés dans la Commune. — 118.
15 Avril	1851. — 2,080	
. . . . . .	1856. — 2,187	

Redoutes. *(* Voyez : *Batteries.)*

Règlements Municipaux. (Voyez aussi: *Conseillers.*)

19 Août   1577. — Publication des règlements du 18 mars 1576 et du 14 avril 1577.

9 Mars   1624. — Arrêt du Parlement autorisant la mise en vigueur d'un nouveau règlement.

19 Novem. 1781. — Même affaire.

Reliques.

7 Octobre 1669. — Pour honorer celles que le révérend père JAYNE ou CHAINE a rapportées de Rome, le Conseil décide qu'on fera venir le corps de musique de la *Major* de Marseille.

    Le 15 décembre suivant il alloue à ce religieux, à titre de gratification, la somme de 75 livres.

Retraite.

4 Août   1754. — « Rétablissement de la retraite, laquelle
« doit se sonner tous les soirs à 9 heures
« pour la tranquillité de la ville et la
« satisfaction des habitants. »

Rues.

1ᵉʳ Juin   1632. — Pouvoir donné aux Consuls « de faire

« paver la grand'rue, aux frais des
« particuliers confrontants, et de cons-
« truire une muraille le long du môle
« et autour de l'île. »

30 Novem. 1669. — Le Conseil approuve les dépenses faites l'année précédente pour le repavage des rues, la décoration des places et la réparation de quelques chemins.

4 Janvier 1682. — Il vote « l'ouverture de rues pour l'a-
« grandissement et l'embellissement
« du lieu et pour l'augmentation des
« familles. » — 73.

5 Juin 1852. — Le Conseil municipal autorise le Maire à procéder à l'adjudication du pavage des rues.

Sacristie.

24 Mars 1700. — Approbation de l'acte de *prix-fait* de sa construction.

Santé publique. (Voyez aussi : *Consigne.*)

12 Juin 1666. — Le Conseil approuve la dépense faite « pour les galères du Roi durant leur quarantaine à Pormioulx. »

3 Mars 1779. — Les Intendants de la santé de Cassis reçoivent l'ordre d'envoyer tous les bâtiments de la marine royale purger leur quarantaine à Toulon ou à Marseille.

15 Juin 1853. — Suppression de la commission sanitaire de Cassis. — 108.

Sécherie de morues.

24 Août 1849. — Son inauguration. — 193.

Secondaires. *(Voyez : Culte.)*

Sel.

26 Mars 1545. — Arrêt de la Cour des Comptes autorisant les habitants de Cassis à prendre leur sel à Berre en payant le droit à la gabelle de cette ville.

Sorcières.

2 Juillet 1614. — Exécution de trois masques sur la place Montmarin. — 68.

24 Avril 1616. — Le Conseil remercie à l'unanimité les Consuls de 1614 du service qu'ils ont rendu au pays. — 70.

Sources. *(Voyez : Fontaines.)*

Sociétés de Secours Mutuels.

16 Mars 1831. — Fondation de la société *St-Pierre*.
3 Mars 1850. — Fondation de *La Fraternelle*. — 132.

Territoire. — Voyez aussi : *(Limites et Propriétés Communales.)*

23 Janvier 1370. — Acte constatant que le territoire de Cassis fait partie de celui de Roquefort.

13 Mars 1791. — Est divisé en six sections.

17 Janvier 1803. — Le Conseil municipal délibère de réclamer les portions du terroir dont les communes de Marseille, Aubagne et Roquefort se sont emparées.

Topographie.

3 Avril 1623. — Le Conseil alloue la somme de 97 livres 4 sous au sieur Jacques de FOUGUIERS, gentilhomme ordinaire de la chambre du Roi « pour avoir fait le plan, dessin « et paysage de la commune. »

4 Mars 1625. — Le sieur Jacques MARETZ, professeur de mathématiques, remet aux Trésoriers généraux le plan topographique de la commune *qu'il a levé sur les lieux.*

26 Octobre 1813. — L'administration du cadastre termine la levée du plan de la commune.

Trins. *(Voyez aussi : Fêtes Patronales.)*

2 Janvier. — St-Clair, un des patrons de la confrérie des Pénitents du St-Esprit. La veille avait lieu une procession aussi solennelle que celle du 15 août à laquelle assistaient les Consuls et le Capitaine de ville en grand costume. La même cérémonie se répétait le jour même avant la messe, après quoi le *trin* commençait. La révolution a fait perdre cet usage.

24 Juin. — Trin donné habituellement par les agriculteurs à l'occasion de la St-Jean. — Avant la grand'messe, a lieu la bénédiction des bêtes de somme, laquelle est précédée et suivie d'une cavalcade dans les rues de la ville. — 131.

29 Juin. — Fête de St-Pierre, patron des pêcheurs, trin principal du pays. — La veille,

les prud'hommes escortés de tous les patrons se rendent en grand costume à la paroisse dont ils sortent peu de temps après portant la statue du Saint et suivis du curé en chappe. Tous se rendent alors sur la place du tribunal de pêche où se trouvent amassés un certain nombre de fascines et de sarments auxquels l'officiant met le feu après les avoir aspergés d'eau bénite. Le lendemain procession des pêcheurs, et après la grand'messe, *trin* qui dure le plus souvent trois jours. — 131.

22 Juillet. — Fête et trin de la Magdeleine au Courton. — Autrefois on se rendait processionnellement à cette chapelle ; on y chantait messe et vêpres, après quoi on se livrait à tous les divertissements *permis*. — 220.

24 Août. — Fête de la chapelle St-Barthélemy au Plan. Le trin se faisait jadis sur ce point même : il s'est fait plus tard dans la ville, mais sans grande pompe.

Vallats. (Ruisseaux.)

1er Février 1621. — Sentence prononcée par le Juge pour obliger les propriétaires récalcitrants à faire creuser et élargir le vallat de *Marignan*.

5 Octobre 1636. — Le Conseil ordonne que les vallats de Marignan et de la *Roustagne* seront convenablement agrandis. La largeur de

ce dernier devra être de dix-huit pans.

7 et 14 Sept. 1636. — Ordre donné aux riverains, de mettre en bon état tous les vallats de la commune.

7 Avril 1832. — Le Conseil municipal vote la construction d'un canal souterrain à l'entrée du quai de St-Pierre, pour conduire les eaux dans la Darse.

Vignes.

27 Avril 1829. — Le Préfet fait don à la Commune de 1200 ceps de corinthe. (Les plantations ne réussissent pas.)

Vins.

5 Février 1623. — Le Conseil assujettit de nouveau les vins de Roquefort au droit d'entrée dans la commune.

2 Avril 1625. — Les Trésoriers généraux approuvent le droit de 4 sous par millerolle que la Commune doit prélever sur tous les vins entrant dans son territoire.

3 Janvier 1628. — Transaction au sujet des vins de la commune d'Aubagne.

30 Sept. 1633. — Lettres-patentes de Louis XIII établissant le droit de 4 sous par millerolle à percevoir sur tous les vins étrangers.

11 Juillet 1634. — Transaction avec Alauch à ce sujet.

18 Id. 1641. — Transaction avec la Penne pour la même affaire.

20 Mars 1719. — Arrêt de la Cour des Comptes réglant les droits à percevoir.

2 Août 1726. — Même affaire.

5 Décem. 1729. — L'Assemblée générale des États intervint en faveur de la commune à propos de son procès contre le sieur BREMOND, vicaire de Julhians et confirme, le 28 janvier 1731, l'arrêt rendu contre lui.

3 Novem. 1778. — Arrêt de la Cour des Comptes approuvant le droit établi à l'entrée dans la commune sur les vins, eaux-de-vie et raisins.

16 Janvier 1780. — Le Conseil refuse au marquis de Roquefort la permission de faire entrer son vin dans la commune.

Vœu de 1720.

8 Sept. 1720. — Est prononcé solennellement par le curé CABROL. — 87, 231.

9 Août 1729. — Mandement de l'Évêque à ce sujet.

4 Mai 1809. — Le Conseil municipal charge le Maire d'obtenir de l'Archevêque du diocèse le rétablissement de cette cérémonie.

1er Juillet 1815. — Dans la séance de ce jour le Conseil municipal décide que la procession se fera le lendemain. Cet usage s'est perpétué depuis.

FIN.

www.ingramcontent.com/pod-product-compliance
Lightning Source LLC
LaVergne TN
LVHW052109090426
835512LV00035B/1421